AF248180

QU'EST-CE QUE L'ORLÉANISME?

LETTRES

A UN JOURNALISTE DE PROVINCE

PAR M. ***

PARIS

E. DENTU, LIBRAIRE-ÉDITEUR

17-19, GALERIE D'ORLÉANS, PALAIS-ROYAL

1870

QU'EST-CE QUE L'ORLÉANISME?

Les trois lettres qu'on va lire ont été publiées dans un journal de provice, écho jusque-là fidèle du journalisme *irréconciliable* de Paris. Il est facile d'entrevoir le but que se proposait l'auteur en adoptant ce milieu pour y faire pénétrer ses idées. Mais la publicité restreinte que ces lettres reçurent, suffisante alors qu'il ne s'agissait que de faire pénétrer un grain de modération là où la passion paraissait vouloir régner en souveraine, ne saurait plus suffire, aujourd'hui que toutes les questions traitées dans ces lettres sont devenues des questions brûlantes et actuelles.

Dans quelques jours, la démocratie française sera appelée à décider souverainement de ses destinées; elle sera appelée à régler la forme qui devra assurer à la fois son existence et son développement. Il n'est pas de point si reculé, il n'est pas d'individualité, si humble et si modeste qu'elle soit, dont le concours soit indifférent à cette heure solennelle.

On aurait pu écarter la première de ces lettres, sorte d'introduction à l'aide de laquelle l'auteur peut se faire ouvrir les colonnes d'un journal peu sympathique à l'ordre d'idées qu'il entendait justifier; mais il aurait été difficile de suivre le développement progressif de la thèse qui, résumée dans cette première lettre, achève son développement dans les deux suivantes. Il a donc paru préférable de laisser à cette correspondance toute son étendue, et de lui donner comme une sorte de préface au moyen de la lettre suivante.

PREMIÈRE LETTRE.

A........, 17 février 1870.

Voudrez-vous permettre, Monsieur, à l'un de vos plus anciens abonnés, de vous soumettre quelques réflexions, peut-être assez opportunes, sur la marche et la direction de la presse opposante à l'époque actuelle ? Ces réflexions, sans nul doute, n'ont qu'une simple valeur individuelle; mais le collectif se compose, après tout, de l'individuel; et le journalisme, qui représente le premier, ne saurait le faire sans avoir réuni, pour les synthétiser, les éléments primordiaux.

Dès les premiers jours de la publication des *L. C.*, je m'inscrivais au nombre de vos abonnés. Nous étions alors en plein gouvernement personnel; l'élection n'était qu'un écho qui renvoyait en haut le son qui lui avait été transmis d'en haut; la souveraineté populaire n'était qu'un mot, et l'autorité, puisant son droit dans le fait, n'avait d'autres limites et d'autre contrôle que son bon plaisir.

Vous eûtes alors le courage de vous élever contre un état de choses qui ne pouvait avoir la prétention de s'ériger en système, et de nombreuses sympathies accueillirent votre œuvre patriotique.

L'opposition, alors, en faisant acte de courage, pouvait et devait faire appel à la passion, car elle parlait au nom du droit et de la justice; or, il est permis de se passionner pour la justice.

Les choses, semble-t-il, ont un peu changé depuis lors; les efforts de l'opposition n'ont pas été sans succès, et un nouveau régime, encore à ses débuts, encore faible dès lors, mais qui peut se consolider si on l'étaie, a succédé à celui qui existait il y a peu de jours encore.

Quel doit être, en face de ce nouveau régime, le rôle de la presse opposante? Doit-elle l'appuyer? Comment doit-elle, comment peut-elle le faire?

C'est là ce que je voudrais examiner, car de l'attitude que saura prendre l'opposition en face d'un essai de liberté politique timide encore, je l'accorde, me paraît défendre le succès d'un régime qui ne saurait trouver de défenseurs que parmi ceux qui ont contribué à l'amener.

Ne vous paraîtrait-il pas étrange, en effet, Monsieur, que ce fussent vos adversaires qui fussent chargés de défendre des réformes que pendant si longtemps ils ont combattues de tout leur pouvoir? Ne paraîtrait-il pas singulier et dangereux d'abandonner le soin de soutenir les principes démocratiques à ceux-là mêmes qui, pendant longtemps, ont soutenu l'impossibilité du régime démocratique et la nécessité de *fonder l'autorité*? C'était, vous vous en souvenez, le mot consacré en 1851.

Mais s'ensuit-il que l'opposition doive abdiquer, et que, parce qu'elle a réussi à fonder un régime dans lequel la volonté du peuple est appelée à exercer, en définitive, la prépondérance, elle doive défendre, tout à la fois, et ce régime, et les actes, *quels qu'ils soient*, de l'autorité chargée d'en développer les conséquences?

Je suis très loin de le croire. Le régime nouveau, qu'on le nomme parlementaire ou qu'on lui assigne tel autre nom que la mode ou la fantaisie pourraient lui imposer, est en définitive le gouvernement de l'opinion. Le point fixe auquel l'autorité se rattache désormais, c'est la volonté populaire, le sentiment commun du juste;

et comme il ne peut plus appartenir à personne de se donner comme l'expression de cette volonté ou de ce sentiment; comme nul individu, quelque hautes que soient ses fonctions, comme nulle fraction du peuple, quelque considérable qu'elle soit ou qu'elle se croie, ne peuvent prétendre à se substituer au sentiment et à la volonté de tous, il suit que, plus que jamais, la presse, la presse opposante notamment, doit se tenir sur la brèche, surveiller, éclairer, contrôler sans cesse avec vigilance, mais avec perspicacité et sincérité.

Avec sincérité! — C'est là, si je ne me trompe, le point essentiel sur lequel il faut insister.

Je ne veux pas dire cependant, en soulignant ce mot *sincérité*, que lorsqu'elle combattait pour remplacer le régime personnel par le régime libéral, la presse opposante manquait de sincérité. Elle en avait, sans nul doute, mais elle la concentrait dans le but qu'elle poursuivait. Quant aux moyens d'atteindre ce but, elle était moins scrupuleuse, il faut le dire, et, usant d'un axiome célèbre, la fin proposée lui permettait d'en prendre plus à l'aise.

On pouvait l'excuser : combattant au nom du droit et de la justice, elle demandait la liberté comme moyen de parvenir à l'égalité; elle s'enflammait d'une passion noble et légitime, et visait à produire plus de chaleur que de lumière. Cette passion qui l'animait donnait à sa verve, il faut le reconnaître, une impulsion qui l'entraînait parfois au delà des limites que la *sincérité* et la froide raison lui eussent assignées.

Il me semble que le temps de ces polémiques ardentes est passé; il me semble que pour accomplir son rôle utile, pour *conserver* ses conquêtes et se préparer à en faire d'autres, la presse opposante doit changer ses formes, imposer plus de calme à ses discussions, juger plus froidement les hommes, les choses et les faits.

Pour voir loin, la presse opposante est condamnée à voir juste; et si, dans ses appréciations, elle se passionne encore; si elle s'égare, si elle attaque injustement et de parti pris, il y a près d'elle, j'en ai l'intime conviction, des adversaires de la veille qui ne demandent pas mieux que de profiter de ses fautes, et qui, à son défaut, prenant la défense des institutions nouvelles, sauront bien les conduire peu à peu jusqu'à leur chute.

Eh bien ! Monsieur, il me semble que c'est sur cette pente fatale que la presse opposante s'est engagée : elle lâche le fond des choses pour s'arrêter à la forme.

Et qu'importe donc la forme ? A quoi bon ces haines, à quoi bon l'irréconciliabilité ? Que peut vouloir dire ce mot en politique ? Que peut vouloir dire ce mot là où il ne se peut agir que de principes, et où les personnes ne sont rien ?

Que nous importe à nous, citoyens modestes et obscurs, que le système social soit relié par une personnalité plutôt que par une autre ? Est-il bien essentiel à notre repos et au succès de nos travaux que cette personnalité tienne en ses mains, d'une façon temporaire, viagère ou perpétuelle, le dépôt de l'autorité que nous lui avons confiée ? Ce qu'il importe, semble-t-il, c'est que cette autorité soit *nôtre,* et qu'il soit bien établi qu'elle émane de nous tous, qu'elle est notre propriété très légitime, et ne peut s'exercer qu'en faveur de *nous tous.*

Le reste est du détail sur lequel on peut philosophiquement discuter, sans doute, mais pour lequel vraiment on ne conçoit guère qu'on se passionne.

Et cependant c'est pour ce reste qu'on s'enflamme; on abandonne le principe et on s'attache au détail; on met la haine à la place de la raison, et, avant d'accepter la vérité, on s'arrête à considérer la main qui déchire les voiles qui l'offusquaient !

Le grand fabuliste du précédent siècle aurait-il donc raillé par anticipation la naïveté rancunière de ses neveux ? Où est la proie ? où est l'ombre ?

On concevrait pourtant que la question de forme eût de l'importance si la délégation souveraine était entière ; on concevrait qu'alors on distinguât, même avec passion, entre la délégation temporaire, viagère ou héréditaire. Il y aurait, en effet, un principe engagé dans la question ainsi posée.

Mais il n'en est plus ainsi à l'heure actuelle : la délégation est tout au moins limitée, et le parlementarisme, qu'il dépend de nous d'appliquer sincèrement, laisse en définitive l'autorité résider dans sa source même. A quoi bon dès lors, à quoi bon, encore une fois, nous passionner pour une forme vaine ou pour un nom ? Est-ce que la presse opposante manque de sujets capables d'intéresser ses discussions et de la soustraire à ses anciennes habitudes ?

Nos institutions sont-elles toutes d'accord avec le nouveau principe ? Le fonctionnarisme, les gros traitements, les exagérations de budgets, et surtout l'emploi qui est fait des revenus publics, ne sauraient-ils donc appeler l'examen de ceux qui, ne vivant pas des abus, ont les yeux dessillés pour les voir ? Le sentiment de l'intérêt collectif, de sa prévalence sur les intérêts individuels, est-il assez développé chez nous, et ne peut-on s'efforcer de le dégager ? Le bien-être est-il assez équitablement réparti pour qu'il ne reste pas à l'économiste un champ à parcourir et des réformes à provoquer ? Etc., etc.

Certes, les horizons sont vastes, et l'opposition peut se donner carrière, car, tout décapité qu'il soit, le passé vit encore dans plusieurs de nos institutions fondées sous l'empire d'un principe autre que celui qui nous doit régir désormais.

C'est en s'engageant dans ces voies fécondes, en poursuivant l'*amélioration* plutôt qu'en provoquant follement la *destruction*, que la presse opposante affirmerait son utilité et conserverait les sympathies qui ont encouragé ses premiers efforts.

J'ose le prédire, parce que l'expérience de 1848 m'y autorise, j'ose le prédire, si la presse opposante continue à se laisser emporter par la passion et dédaigne les enseignements qu'un récent passé peut lui donner ; si, à la place de discussions et d'études sérieuses, elle persiste à reproduire, surtout dans les provinces, ces diatribes, trop chaudes et d'un goût fort douteux, que les têtes bien jeunes qui ont à Paris le haut ton de la presse opposante lui adressent quotidiennement ; si la presse, si l'opposition continuent ainsi, il en arrivera ce qui arriva jadis, et de même que la République tomba sous les coups des républicains, — que l'opinion dut abandonner parce qu'ils l'effrayèrent, — de même le régime moderne tombera, et, pour longtemps encore, laissera dire ce qui se disait en 1849, et ce qui produisit 1852 : *il nous faut de l'autorité.*

Veuillez agréer, etc.

DEUXIÈME LETTRE.

A..........., 9 mars 1870.

Je vous remercie, Monsieur, des paroles courtoises et bienveillantes dont vous avez fait précéder, dans votre numéro du....., la reproduction de la lettre que j'avais eu l'honneur de vous adresser quelques jours auparavant, et je m'assure que, en signalant à vos lecteurs la différence que vous avez pu supposer exister entre mes opinions de 1848 et mes expressions de 1870, vous n'avez eu d'autre dessein que de confirmer par un contraste la vérité invariable du principe que vous défendez avec une constance digne d'éloges.

Certes, je ne m'arrêterais pas à nier ou à légitimer cette soi-disant versatilité d'opinion, s'il ne s'agissait que de ma personne. Il importe fort peu à vos lecteurs que j'aie ou que je n'aie pas varié dans ma manière de voir; mais il importe beaucoup de savoir si l'opinion publique a varié, et puisque vous me faites l'honneur de me citer comme exemple « du changement qui s'est opéré dans « les esprits honnêtes et sincères, dès qu'ils ont pu voir clair dans « la situation politique de la France, » permettez-moi d'expliquer à la fois et ce changement, et cette cécité prolongée qui aurait affecté pendant si longtemps la vue des esprits « honnêtes et sincères, » très nombreux, je crois, dans notre beau pays de France.

Votre appréciation, Monsieur, est cependant excusable, d'autant plus que, j'espère le démontrer dans un instant, il semble que depuis vingt-deux ans nous vivons sur une équivoque, sur une méprise, sur un mot qui, après avoir exprimé tout un système, a continué d'être accepté après avoir perdu toute signification. Il me paraît même que cette équivoque menace de se prolonger, et que le parti républicain, en affectant de donner au courant d'opinion qui se rapproche de lui le nom d'*orléanisme*, en accueillant cette sorte de retour avec un sourire railleur et superbe en même temps, en n'acceptant son concours qu'avec une défiance marquée, s'expose à voir relever la barrière qui les sépara violemment en 1848.

Un pareil résultat serait, sans contredit, déplorable ; la liberté en gémirait ; et les hommes de bonne foi, de quelque côté qu'ils se trouvent, doivent s'efforcer de le prévenir.

Que faudrait-il pour cela ?... S'expliquer, se comprendre ; et puisque un malentendu subsiste depuis longtemps déjà, puisque l'*orléanisme* inspire de l'ombrage à ceux qui se disent exclusivement républicains, il faudrait définir l'*orléanisme*, et savoir au juste en quoi il diffère du *républicanisme* : on saurait au moins, de cette façon, à quoi s'en tenir de chaque part.

Voulez-vous me permettre, Monsieur, de tenter cette définition ? Quelque insuffisant que je puisse être à la tâche, il me semble qu'un essai sérieux dans cette voie serait plus utile à l'avancement des choses que les quolibets et les lazzi qui paraissent vouloir composer désormais le fond d'argumentation d'une certaine presse. Ce n'est pas par ce que l'on pourrait, sauf respect de l'Académie, nommer la *blague politique,* que les questions s'élucident et que les malentendus peuvent cesser.

Qu'est-ce donc que l'*orléanisme ?* Qu'a-t-on compris, et que peut-on comprendre encore derrière ce mot ?

L'orléanisme, si je ne me trompe, est bien l'opposé direct, l'antithèse du légitimisme, auquel il a succédé, et qu'il a renversé pour se mettre à sa place.

D'où il suit que, pour découvrir l'idée qui est contenue dans le mot orléanisme, il suffit de reconnaître celle que représente le légitimisme et d'en prendre l'opposé.

Or, le légitimisme, c'est le droit divin ; c'est-à-dire l'infusion de l'autorité, par Dieu, dans la créature. Il n'y a point à s'y tromper, le légitimisme n'est point un système, mais un *culte ;* il puise sa source dans la foi et non dans la raison humaine. Les sectaires de ce culte ne nous laissent aucun doute à cet égard ; au temps de son apogée, si voisine de son déclin, poètes, jurisconsultes, évêques, clergé, tout ce qu'il y avait d'intelligent dans la nation, le proclamait ouvertement : Boileau prétendait que ses pages étaient « sanctifiées » par le nom de son roi ; Bossuet disait que « Dieu établit les rois comme ses ministres pour régner par eux « sur les peuples, » et d'Aguesseau appelait son souverain « l'évê-« que extérieur du royaume. »

Évêque était peu dire, et le grand roi aurait pu se choquer de l'irrévérence.

On était alors si bien persuadé de la transhumanation de la personne royale, qu'on s'efforçait d'en écarter les rivalités olympiennes : on s'offusquait de l'infaillibilité papale ; on ne voulait point reconnaître au pape le droit de décider, même en matière de foi, sous forme de *motu proprio ;* Pithou et Dupuis publiaient, avec approbation, leur *Recueil des libertés gallicanes ;* et le clergé de France déclarait, en 1682, que si la personne sacrée des monarques n'est pas supérieure à celle des papes, elle leur est du moins égale et en est indépendante.

Ainsi, ce qui caractérise le légitimisme, ce qui détermine le droit divin, c'est l'infusion de l'autorité divine.

Le pouvoir vient d'en haut.

Est-il besoin de faire remarquer que le bas est l'opposé du haut, comme l'humanité est une sorte d'antithèse de la divinité ? Est-il besoin d'ajouter que puisque l'orléanisme fut l'*opposé* et l'antithèse du légitimisme, il puisa l'autorité *en bas*, la prit dans l'humanité, dans le peuple, et adopta pour principe la *souveraineté du peuple?*

Et, remarquez-le, le fétichisme des beaux jours de la légitimité est, à l'heure actuelle, si bien passé, que poètes, magistrats, clergé ont complétement oublié et leurs chants dithyrambiques et leurs susceptibilités doctrinales; l'encens académique ne parfume pas précisément les trônes; les jurisconsultes laissent ronger par les vers le recueil de Pithou; le moderne successeur de d'Aguesseau ne paraît point s'émouvoir grandement des discussions ultramontaines; et les héritiers des Hinemar, des Gerson, des Bossuet ne semblent pas éloignés de reconnaître une infaillibilité qui a cessé d'exciter des rivalités jalouses.

N'y a-t-il donc pas là un signe du changement qui s'est accompli dans les idées, parce qu'il s'est opéré dans le principe qui les domine ?

C'est que, en effet, l'orléanisme d'avant 1848 avait pour base, pour fondement le consentement national.

Sans nul doute, on pouvait contester les preuves de ce consentement, — et, peut-être, le triomphe du 24 février n'eut-il pas d'autre cause que l'insuffisance de ces preuves, — mais cette contestation dans les détails de l'exécution n'infirmerait en rien le principe. Aussi ce ne fut pas le principe qu'on attaqua, et c'est là ce qu'il importe de remarquer.

Ainsi, et tel fut, à mon avis, le sens de la révolution de 1830, la souveraineté populaire remplaça la souveraineté de droit divin; le monarque descendit dans l'humanité. Il reste à examiner les conséquences qui furent tirées du principe restauré à cette époque mémorable.

Ces conséquences se traduisirent par le régime politique inauguré alors. Ce régime, un peu trop emprunté, peut-être, à des voisins dont l'état social et les mœurs politiques n'offrent pas avec les nôtres un rapport d'identité parfaite, reçut le nom de *parlementarisme,* et fut basé sur ces divers points :

1° Le monarque ne peut rendre aucun ordre exécutoire sans le contre-seing d'un ministre.

2° Les ministres, issus de la majorité parlementaire, sont responsables devant elle, et peuvent être renversés par elle en cas de désaccord ou de dissentiment; — j'allais dire désobéissance.

3° Le Parlement est la représentation, l'écho fidèle, le résumé de l'opinion publique, de la volonté nationale, et comme cette volonté est variable et, dans un certain sens, progressive, le Parlement doit, au moyen de l'élection, se retremper fréquemment dans l'opinion, s'en imprégner, afin de la reproduire, de la suivre plutôt que de la diriger (1).

Telle était l'organisation d'un régime qui a été défini en deux mots par un orateur célèbre, dont le talent sait braver encore le cours des années. Il en résultait bien, ce me semble, — abstraction faite des vices d'exécution, — que le peuple, nommant ses députés, lesquels nommaient à proprement parler les ministres, puisqu'ils avaient le pouvoir de les renverser, dirigeait en définitive ses propres affaires.

Ce fut ce régime que renversa la journée du 24 février 1848.

Cette journée eut sa raison, son motif, sa justification; je ne le nie pas. La bifurcation hybride du Parlement, quelque faible que fût l'influence législative de l'une de ses deux parties, concordait mal avec le principe de la souveraineté populaire unique. D'un autre côté, le peuple qui nommait les députés, et par contre-coup les ministres, n'était pas *tout le peuple*.

Mais ceux qui renversèrent l'édifice n'étaient pas tout le peuple non plus, et je suis porté à croire qu'ils l'oublièrent.

Laissons cela. Les récriminations rétrospectives, alors même

---

(1) On sait que le Parlement fut alors composé d'une Chambre de pairs nommés à vie *par le pouvoir exécutif*, et d'une Chambre de députés *élus pour un temps limité par des censitaires*.

Il y avait là une double méconnaissance du principe parlementaire, d'où la journée du 24 février 1848 procéda directement.

Le meilleur logicien est tout le monde.

qu'elles passent par la bouche spirituellement incisive de M. Dugué de la Fauconnerie, n'ont guère plus d'efficacité que les *blagues politiques* dont je vous parlais il y a un instant. Bornons-nous donc à constater que l'*orléanisme* d'avant 1848 n'était, après tout, autre chose que le gouvernement du pays par le pays; que tel était son principe, sinon son mécanisme, et que ceux qui le renversèrent ne demandaient pas autre chose eux-mêmes que le gouvernement du pays par le pays.

On était donc d'accord sur le principe, et la séparation n'eut d'autre cause que soit les détails d'exécution, soit une méprise.

Aussi l'orléanisme, qui aurait reconnu un ennemi s'il eût été attaqué par le légitimisme, se laissa-t-il faire d'assez bonne grâce et se borna à manifester une sorte d'étonnement. Sa foi dans son principe ne lui dissimulait, d'ailleurs, qu'imparfaitement les vices de son organisation constitutionnelle ; il se sentait vulnérable en ce point, et paraissait disposé à consentir au redressement d'erreurs que son profond sentiment du juste lui avait signalées depuis longtemps.

Mais ce moment d'hésitation fut court. Des prétentions, dont vous avez sans nul doute gardé le souvenir, s'élevèrent; une fraction du peuple entreprit d'imposer ses vues et ses volontés; la souveraineté de la nation entière fut contestée par ceux-là mêmes qui venaient de faire une révolution au nom de la souveraineté populaire; et ce qu'on appela le socialisme, au lieu de confier l'appréciation de ses doctrines à l'universel sentiment du juste, voulut obtenir par la force les résultats qu'il n'aurait dû attendre que de la persuasion.

Est-il besoin de rappeler les événements de juin ? Est-il besoin de réveiller le spectre rouge, dont on a peut-être abusé trop longtemps ?

Le parti orléaniste, qui n'était plus que le parti parlementaire, se sépara violemment alors de ceux qui lui parurent méconnaître le grand principe de souveraineté nationale autour duquel il se ralliait. Au nom de la liberté, il combattit ceux qui voulaient porter atteinte à la liberté, la restreindre et la confisquer à leur profit exclusif.

La forme républicaine sombra pendant cette lutte, et le parlementarisme dut se résigner, lui aussi, non pas à abdiquer, car ce n'était pas lui qui était vaincu, mais à attendre de meilleurs jours.

Ces meilleurs jours paraissent arrivés, et le grand parti libéral, le parti national et parlementaire, les accueille avec joie, avec espoir et avec confiance.

Est-ce donc à dire qu'il varie, et que, après avoir fait de la réaction, il se décide à changer de voie?... Il serait injuste de le dire, car s'il a fait de la réaction, ce n'est pas contre son principe, mais pour son principe; s'il a fait de la réaction, c'est uniquement contre ceux qui méconnaissaient ce principe, qui voulaient faire prévaloir la partie sur le tout et renfermer un entier dans une fraction.

Ce principe, cette souveraineté nationale, le parti parlementaire, improprement nommé désormais parti orléaniste, l'affirmait en 1830, comme il l'avait affirmé en 1789; il continuait de l'affirmer avant 1848, il l'affirmait en juin, il l'affirme encore en applaudissant au réveil d'un régime que pendant dix-huit ans il n'a cessé d'abord de regretter, puis de revendiquer.

Tel est, tel me paraît être le parti que l'on persiste à nommer *orléaniste*, comme si le fétichisme, la bazilâtrie pouvait se rencontrer dans une opinion qui fait abstraction des personnes, pour ne reconnaître de réalité et n'accorder d'affection qu'aux principes. Laissons donc ce nom, qui n'est plus qu'un anachronisme, et, restituant au parti le nom qui lui convient, demandons-nous ce qu'est et ce que signifie le *parlementarisme;* en quoi il diffère du parti qui, à l'heure actuelle, persiste à le méconnaître, à s'en défier, et semble croire qu'il tient en réserve quelques surprises restauratrices.

Mais cette lettre est déjà bien longue; ce serait abuser que de

la prolonger encore, et si vous pensez que la question doive être
épuisée, je vous demanderai la permission de remettre à un autre
jour la suite d'une étude qui, si je ne m'abuse, n'est pas entière-
ment dépourvue d'utilité.

Agréez etc.

TROISIÈME LETTRE.

A........, 19 mars 1870.

L'accueil que vous avez fait, Monsieur, à ma dernière lettre
en l'insérant dans votre numéro du....., m'engage à continuer
une étude qui, à défaut d'autre mérite, aura du moins celui
d'être inspirée par le désir le plus ardent et le plus sincère de
réunir ce qui, dans mon opinion, n'a aucun motif de demeurer
divisé : je veux dire le *républicanisme* et le *parlementarisme*, improprement qualifié d'orléanisme.

Et en effet, si je ne m'abuse trop, j'ai démontré dans ma lettre
précédente que le principe qui domine les deux systèmes, républicain et constitutionnel, est absolument le même ; que l'un
comme l'autre de ces systèmes n'accorde la souveraineté qu'à la
nation ; que l'un comme l'autre veut le gouvernement du pays
par le pays ; et que, depuis l'avénement du suffrage universel,
le pays pour l'un est le même que le pays pour l'autre, c'est-
à-dire la population entière, moins les femmes et les mineurs.

Jusque-là il n'y a donc aucune divergence, aucun dissentiment,
et il semblerait que les uns comme les autres, ne reconnaissant
d'autre souverain légitime que le peuple entier, pourraient se
qualifier également de républicains.

Mais si, complétement d'accord sur le principe, on arrive aux conséquences, c'est-à-dire aux moyens constitutionnels de transporter le principe dans les faits, — le désaccord se manifeste. Les uns comme les autres, il est vrai, considèrent bien la souveraineté comme inaliénable, tout en convenant cependant que le peuple ne peut l'exercer directement d'une façon active, mais ils diffèrent sur la durée de la délégation, que les uns et les autres considèrent comme indispensable.

Tandis que les républicains soutiennent que cette délégation, ce fidéi-commis doit être temporaire, les parlementaires, dont la confiance semble plus entière et plus robuste, sont d'avis qu'elle peut, sans danger, être confiée *viagèrement* et même *héréditairement*.

C'est là, si je ne me trompe, un simple désaccord doctrinal. — Deux thèses de droit constitutionnel sont en présence ; et pour décider entre elles il faudrait, à l'exemple des magistrats, écarter avec soin toute passion, toute préférence, toute opinion préconçue, pour ne s'attacher qu'aux seuls arguments que la raison peut fournir à la conscience.

Les républicains absolus soutiennent : qu'il ne peut exister à la fois deux souverainetés et deux souverains; que la délégation héréditaire, ou même viagère, de l'autorité souveraine est une aliénation ; que, alors même que cette autorité serait divisée en deux parties, l'une dite exécutive et l'autre législative, la première ne pourrait, sans danger, être confiée d'une façon perpétuelle; que *l'immutabilité* du pouvoir exécutif, en présence de la *mutabilité* du pouvoir législatif, doit amener la séparation de ces deux pouvoirs, puisque l'un marche tandis que l'autre reste stationnaire; qu'enfin, de cette séparation, de cette rivalité doit nécessairement résulter un conflit, une révolution, dans laquelle l'un des pouvoirs devra absorber l'autre : ce qui conduirait visiblement soit à l'absolutisme, soit à l'anarchie.

Tels sont bien, si je ne me trompe, les motifs sur lesquels les partisans de la forme républicaine s'appuient pour préférer la délégation temporaire à la délégation viagère ou perpétuelle.

Or, ces motifs sont depuis longtemps connus, et cependant ils n'ont pas ébranlé la conviction des républicains parlementaires. — L'un d'eux, dont la génération actuelle n'a point encore songé à suspecter le patriotisme, bien qu'elle ait contesté ses lumières en les affirmant atteintes d'une obscurité sénile, a dit en présentant un roi au peuple français : *Voici la meilleure des républiques.*

Certes, le père Lafayette, comme on affecte de le nommer, a pu se tromper sur la justesse du qualificatif ; mais le vieux républicain, qui avait été le compagnon de Washington, n'a pu se tromper sur la chose qualifiée ; et quand il a affirmé que le genre de monarchie qu'il conseillait était une république, c'est que, apparemment, il reconnaissait dans cette monarchie les caractères essentiels d'une république, et qu'il était loin de considérer la personnalité royale du même point d'où Boileau, Bossuet et d'Aguesseau considéraient Louis XIV.

On sait que le mot fit alors fortune, que le système ainsi résumé fut accepté de confiance, que celui qui l'avait prononcé ne fut point dès lors obligé de l'expliquer, et que, pour me servir d'un mot consacré, le régime constitutionnel fut *bâclé.*

Cette précipitation est regrettable : quand l'opinion est souveraine la persuasion est obligatoire ; chez un peuple démocratique, l'*autorité*, même d'un grand nom, d'une grande vertu et de longs services, ne peut rien fonder de durable.

C'est de ce silence et de cette confiance qu'est né le malentendu dont je vous parlais dans l'une de mes précédentes lettres.

Il serait bien temps de le faire cesser ; et puisqu'on n'a pas dit comment il se peut faire que la monarchie s'accorde avec la république, comment la délégation héréditaire de la souveraineté peut ne pas être une aliénation de cette même souveraineté, il serait temps de rechercher si cela est en effet possible, si Lafayette s'est trompé en tous points, et si les monarchistes constitutionnels peuvent continuer de se dire *républicains.*

Eh bien! les parlementaires soutiennent la possibilité de cet accord. Ils disent d'abord que, au moyen de la division des pouvoirs en législatif et exécutif, le premier demeurant au Parlement électif, la délégation de souveraineté ne serait en tous cas que partielle ; ils disent encore que, en subordonnant l'action du délégué héréditaire à celle des ministres, dont la signature lui est nécessaire, et en subordonnant ces ministres eux-mêmes au Parlement *électif*, le pouvoir exécutif, sinon dans son initiative de détails, du moins dans l'ensemble de son action, demeure en définitive dans le Parlement, c'est-à-dire dans la nation ; laquelle, par conséquent, conserve sa souveraineté, nonobstant la délégation héréditaire qu'elle semble en avoir faite.

Je ne juge pas, j'expose, vous le voyez ; mais de cette exposition il me semble pourtant résulter qu'entre les républicains absolus et les républicains parlementaires il n'existe pas un abîme absolument infranchissable.

Cependant, désertant le terrain de la théorie, et descendant des hauteurs de la métaphysique politique pour s'établir dans les faits et s'étayer d'exemples, le républicanisme moderne cite assez fréquemment les États-Unis, et semble se complaire à préconiser la forme constitutionnelle adoptée par les populations démocratiques qui constituent l'Union américaine.

S'il ne s'agissait que de savoir si, oui ou non, la souveraineté populaire peut se concilier avec la délégation héréditaire, on pourrait écarter l'autorité de l'exemple cité en soutenant que cet accord, prouvé par la raison, ne saurait être improuvé par un fait qui ne lui est pas contradictoire.

Mais il s'agit d'autre chose encore que de la possibilité d'accorder ensemble le monarchisme et le républicanisme ; il s'agit de savoir si cet accord, si ce régime, adopté par les Européens, est aussi bon ou *meilleur* que celui inventé par les Américains.

Or, quoique Lafayette ait affirmé la supériorité du premier de ces régimes sur le dernier, cette affirmation, dont on se contenta jadis, ne saurait suffire aujourd'hui ; et il importe d'examiner les motifs sur lesquels les parlementaires se fondent pour préférer la forme monarchique à la forme présidentielle.

Et d'abord, les parlementaires font remarquer que, dans la forme présidentielle, l'aliénation du pouvoir exécutif, bien que temporaire, est réelle et entière ; que, pendant la durée des pouvoirs confiés au président des États-Unis, celui-ci est *seul* investi du droit d'exécution ; et que sa responsabilité, rendant inutile celle de ses ministres, ceux-ci ne sont rien autre chose que ses préposés, ses commis.

Ils font remarquer encore que la responsabilité présidentielle, passant au-dessus de la tête du Parlement pour arriver en face de la nation elle-même, il peut arriver, — et il vient d'arriver en effet, — que le président tienne en échec la puissance législative : ce qui ne saurait arriver sous le régime parlementaire, dans lequel les ministres sont contraints de céder devant l'opinion.

Ainsi, disent-ils, la souveraineté populaire est plus intacte sous une république monarchique que sous une république présidentielle, la séparation des pouvoirs exécutif et législatif ne saurait y avoir une durée appréciable, et les occasions de conflit sont écartées.

Il faut bien reconnaître l'exactitude de cette observation, puisque, en effet, après l'assassinat du président Lincoln, son successeur, qui n'était en réalité qu'un simple vice-président, persista jusqu'à l'expiration de ses pouvoirs à refuser son concours aux résolutions du Congrès : d'où il résulta, pendant une période assez longue, la séparation complète, l'antagonisme des deux pouvoirs.

Cependant il n'en résulta, en Amérique, aucun conflit : le jeu des institutions étant venu restituer à la nation la plénitude de sa souveraineté, le choc fut évité. Ce fait est très vrai ; la nation américaine a pu supporter sans s'émouvoir un antagonisme prolongé entre les délégataires de sa souveraineté.

Mais s'ensuit-il, disent toujours les parlementaires, que la nation française, plus agglomérée, et dont la patience flegmatique ne passe pas pour être la vertu dominante, aurait supporté une situation semblable avec autant de patience ?...

Ceci conduit les partisans du monarchisme parlementaire à un autre ordre d'idées : ils prétendent que les divers régimes politiques appelés à réaliser le principe démocratique doivent, non pas se copier les uns les autres, mais s'approprier au génie national et à la situation topographique de la nation qui les adopte. En ceci ils ont l'autorité d'un observateur sagace, dont les lumières et la bonne foi sont depuis longtemps hors conteste. Tocqueville a dit, en effet, quelque part : « Je suis très loin de croire que « les Américains aient trouvé la seule forme de gouvernement que « puisse se donner la démocratie. »

Aidés de cette autorité, les parlementaires prétendent que la situation des États européens, et en particulier de la France, ne ressemble pas plus à la situation de l'Amérique que le génie français, spirituel, vif, emporté, ne ressemble au génie américain. Ils font observer que, tandis que l'Union américaine est isolée dans un vaste continent, les États de l'Europe sont resserrés les uns contre les autres. Ils remarquent encore que, alors que la vallée immense qui s'étend des monts Alleghanys aux montagnes Rocheuses offre aux activités deshéritées un champ immense et une fortune que le travail peut conquérir avec facilité, les terres européennes, surabondamment peuplées, laissent au génie laborieux un aléa dont il se rend maître difficilement : ce qui rend plus faciles les séductions de l'injustice, de la turbulence et même de la violence.

De ces différences, les partisans du monarchisme constitutionnel concluent que, tandis que l'élection présidentielle n'est, pour les Américains, qu'une époque d'agitation superficielle, qui n'a d'autre effet que de titiller, pour ainsi dire, le corps social, et de ramener sans aucun danger la vie à la surface, cette élection pourrait être pour les peuples du vieux continent une période de crise qui mettrait à chaque instant leur existence même en question.

Les diverses nations de l'Europe, disent-ils, sont en état soit de rivalité, soit de sourde hostilité; la crainte s'oppose seule à leurs appétits envahisseurs, et leurs principes politiques sont loin d'être uniformes. Ne pourrait-il donc arriver que des influences étrangères vinssent peser sur l'élection présidentielle, la corrompre, et faire sortir, tôt ou tard, la perte de la nationalité de l'urne destinée à lui donner un défenseur ?...

La chose n'est pas impossible, il faut bien le reconnaître, et l'histoire de l'Europe moderne, en nous racontant ce qu'on s'est borné à nommer platoniquement le grand attentat du XVIII siècle, excuse, si elle ne justifie complétement, les patriotiques appréhensions de nos parlementaires.

Les constitutionnels font bien d'autres objections encore à l'introduction en Europe du régime présidentiel de l'Amérique : ils soutiennent, par exemple, que l'éducation politique des électeurs américains est faite depuis plus de trois quarts de siècle, tandis que, en France, où le suffrage universel vient de s'introduire, cette éducation laisse beaucoup à désirer, et présenterait, par conséquent, plus de facilité à l'exercice des influences corruptrices ; qu'il faut donc se garder d'offrir un appât à ces influences : ce que l'on ferait en leur permettant de concentrer leur action sur un seul scrutin, de telle conséquence que la destinée même de la nation peut en dépendre.

Mais je n'ai point pour but de faire un plaidoyer en faveur du parlementarisme, et il me suffit d'avoir établi que si un désaccord existe entre les constitutionnels et les républicains, non-seulement ce désaccord ne porte que sur la forme, mais qu'il est assez peu considérable pour que chacun des deux partis puisse être considéré par l'autre comme animé d'un patriotisme également sincère et désintéressé.

Qui l'emportera de ces deux partis ? Je l'ignore, *sub judice lis est*. Mais, quoi qu'il en arrive, je me figure qu'il y aurait un certain danger à détruire ce qu'on possède avant d'être certain d'obtenir ce qu'on désire. Je me figure encore que, chez nous, le droit a marché plus vite que la lumière, chose inouïe en physique, mais qu'on ne peut nier en politique ; je me figure que la lumière s'étant ainsi séparée du droit, y serait difficilement rattachée si, au lieu d'activer la marche de celle-ci, on précipitait encore la marche de celui-là.

Je n'ai point, Monsieur, la vanité de croire vous avoir inspiré ma manière de voir les choses; mais votre obligeante hospitalité me permet d'espérer, cependant, que si la ligne qui nous sépare n'est pas brisée, elle a toutefois adouci quelque chose de sa rigidité.

Veuillez agréer, etc.

ANGOULÊME, IMPRIMERIE CHARENTAISE DE A. NADAUD ET Cᵉ

26, REMPART DESAIX, 26